LE MOULIN
DE
LAUBARDEMONT
SUR L'ISLE (GIRONDE)

PAR

Jules SERRET,

MEMBRE CORRESPONDANT
DE LA SOCIÉTÉ DE STATISTIQUE DE PARIS
ET DES ACADÉMIES DES SCIENCES ET BELLES-LETTRES
DE BORDEAUX, NANTES, TOULOUSE, ETC.

Juin 1893

BORDEAUX
IMPRIMERIE G. GOUNOUILHOU
11 — RUE GUIRAUDE — 11
—
1893

LE MOULIN
DE
LAUBARDEMONT

Le moulin de Laubardemont est heureusement situé sur la rivière de l'Isle, dans la section maritime de trente et un kilomètres allant vers la Gironde, et à cent douze kilomètres en remontant, à l'aide de quarante écluses, vers Périgueux.

L'écluse de descente présente une longueur de 24m25 et une largeur de 4m50. Elle permet aux gabares ordinaires et à vapeur d'accoster, en tout temps, aux embarcadères de l'usine.

La fondation du moulin est antérieure à l'ordonnance des eaux et forêts de 1566. Elle est l'œuvre des seigneurs de Tustal, qui possédèrent une grande portion de la plaine de l'Isle.

A la fin du quinzième siècle, Jehan de Tustal, jurat de Bordeaux, était seigneur de Laubardemont.

En 1519, son fils, Bertrand de Tustal, était président au Parlement de Bordeaux. Il épousa, en 1533, Jacquette de Bonnald, dont il eut plusieurs enfants. Mais étant mort avant leur majorité, la tutelle et la gérance de la fortune fut confiée à son frère, François de Tustal.

Celui-ci devint plus tard seul maître du château et du moulin de Laubardemont, ainsi que l'indiquent plusieurs documents des archives du château de La Tresne.

En 1583, le grand domaine de Laubardemont appartint à François de Tustal, fils du précédent. Il fut vendu par lui au seigneur de Ferran, d'après les papiers consignés aux archives publiques de la Gironde.

La *Chronique bourdeloise* rapporte qu'en 1653, le 7 juillet, le comte d'Estrades vint de La Rochelle, au secours des troupes royales avec un corps de 3,000 fantassins et 400 chevaux, et qu'il s'empara des châteaux de Savignac et de Laubardemont.

D'après les archives privées du château de Vayres, le 9 juin 1654, Pierre Martin, baron de Laubardemont, seigneur de Saint-Denis-des-Pilles, de Saint-Georges-de-Guistre et autres lieux, donna quittance à Nicolas Corbireau, laboureur de Saint-Denis-des-Pilles, pour droit de gué et manœuvres dû au château de Laubardemont, à raison de dix sols par an.

En 1680, des lettres de pardon furent accordées à quelques révoltés, parmi lesquels se trouvait le sire de Laubardemont. (Voir les archives de la Gironde.)

En 1685, le 7 mars, l'abbé de Guîtres fit cession au seigneur de Laubardemont, de 300 livres à prendre sur les dîmes de Fronsac. (Archives du château de Vayres.)

En 1700, le 23 août, maître Guillaume de Salles, conseiller du roy en la cour du Parlement de Bordeaux, devint seigneur de Laubardemont. Son petit-fils, Augustin des Aigues de Salles, baron de Laubardemont, figura dans les rangs de la noblesse, en 1789, lors de la convocation des trois ordres en vue de l'élection des députés aux Etats généraux.

Les enfants héritiers de ce dernier: Pierre-Denis des Aigues de Salles, et sa sœur, Marie-Gabrielle des Aigues, épouse de M. Etienne-Alexandre Harader, affermèrent le 17 mai 1806, par acte notarié passé à Libourne, l'entière propriété de Laubardemont à MM. Pierre Vidal aîné, négociant à Coutras, et Pierre Montreuil Franc, négociant à Bordeaux. Ce bail dura peu. Deux ans plus tard, le château, les terres et le moulin furent achetés par M. Jean-Antoine Chaumeil, originaire de Clairac, pour le prix de 180.000 francs.

L'acte fut signé le 27 avril 1808, devant M⁰ Darrieux jeune, notaire à Bordeaux.

En 1841, M. Chaumeil, dit *l'Oncle*, étant mort sans enfant, son héritage passa à son neveu, M. Jean-Joseph Chaumeil.

Celui-ci organisa sur une grande échelle l'exploitation du moulin de Laubardemont, sous la raison sociale Chaumeil et C⁰, avec un comptoir à Bordeaux.

La direction passa successivement aux mains de M. Alexis Chaumeil, avec le concours de M. Bachan, jusqu'en 1858, et, à partir de cette époque, entre celles de MM. Bachan et Bertrin.

En 1868, le 19 mars, les quatre enfants de M. Jean-Joseph Chaumeil, dit *le Neveu*, prirent possession de l'héritage de leur père, décédé.

C'est ainsi que M. Henri Chaumeil fils, d'accord avec ses trois sœurs, mariées à MM. Léon Dupuy, Paul Dupuy et Albert Brandenburg, ancien maire de Bordeaux, participèrent à fonder, avec leur moulin de Laubardemont et ses dépendances, et avec les usines de M. Jaubert, *la Société industrielle de Bordeaux*. L'acte fut passé le 7 novembre 1881 et modifié le 18 mars 1887, en l'étude de M⁰ Sicher, notaire à Bordeaux.

Envisagée au point de vue industriel et commercial, l'usine de Laubardemont était l'une des mieux organisées de la France.

Établie sur une excellente dérivation de l'Isle, toute bâtie en belle pierre de taille, elle présentait le coup d'œil le plus pittoresque et le plus imposant.

Sa principale façade, d'une pureté de lignes remarquable, mesurait 35ᵐ50 de longueur sur 12ᵐ35 de largeur, en lit de rivière, accolée à la digue de retenue et à un petit îlot charmant et très ombragé.

D'après les plans primitifs de ce siècle, le moulin se composait de 9 coursiers sur lesquels évoluaient 9 paires de meules activées par des rouets à cuve.

Aux deux étages supérieurs étaient installés des nettoyages de grains, des bluteries et une étuve à vis d'Archimède tournante, laquelle causa le violent incendie qui détruisit l'usine en janvier 1850. Le moulin fut immédiatement reconstruit et remis en marche, au mois de mai 1851, avec addition de vastes magasins au rez-de-chaussée et de trois étages supérieurs mesurant 28 mètres de longueur et 26^m50 de largeur.

En 1868, les 9 coursiers furent réduits à 7, afin de loger dans les soubassements une turbine de 65 chevaux de force du système de M. l'ingénieur de Lacolonge. C'est l'un des premiers essais du genre tentés dans le Midi de la France.

Il eut pour but de conduire 5 nouvelles paires de meules sur un beffroi en fonte et de mettre en mouvement les bluteries aux étages supérieurs.

L'usine se trouva ainsi pourvue de 12 paires de meules et des meilleurs appareils de bluterie et de nettoyage en progrès à ce moment.

En 1872, afin de satisfaire aux demandes

de l'exportation bordelaise, on rétablit isolément l'étuve, d'après le système en vogue de M. Baron, du Havre, comportant deux étages, avec 14 plateaux tournants à axe vertical. Ce procédé permet d'obtenir la dessiccation rapide des minots.

En 1878, l'accroissement des affaires détermina la suppression de deux autres rouets à cuve et leur remplacement par une turbine de M. Feray, constructeur à Essonnes.

Ce moteur, de 60 chevaux de force effective, conduit 8 paires de meules solidement montées sur un beffroi en fonte.

Cette addition éleva à 18 le total des paires de meules en bon état de service.

Il semblait que tout fût complet et organisé pour le mieux, en vue de contribuer à l'alimentation du pays, lorsqu'une révolution dans les procédés de mouture remit tout l'ensemble de la minoterie en question.

A partir du jour où la *Société industrielle de Bordeaux* a pris possession de l'immeuble (30 juin 1882), les aménagements extérieurs et intérieurs ont été transformés, agrandis et surélevés de deux étages.

Au rez-de-chaussée, les appareils moteurs ont été augmentés d'une troisième turbine, système Feray, d'Essonnes.

Au premier étage, vingt cylindres et

huit convertisseurs broyeurs (système Gauz) ont été installés.

Au deuxième, dix jeux de bluteries, six sasseurs (système Maurel, de Marseille); trois mélangeurs, un détacheur et un diviseur (système Braux) ont été montés avec soin. Aux troisième, quatrième et cinquième étages, un ensemble parfaitement équilibré d'appareils neufs qu'il serait trop long d'énumérer et qui constituent ce que l'art de la meunerie présente de plus perfectionné.

Le travail, définitivement réglé en 1880, ne pouvait être ralenti ou arrêté par l'effet du bas étiage de la rivière; l'installation d'une puissante et très économique machine à vapeur de 200 chevaux, système Powel (de Rouen), avait pourvu à cette éventualité.

Et, de plus, un gazomètre isolé du moulin et adhérent à l'étuve, avec cloche contenant 250 mètres cubes de gaz, permettait d'éclairer largement toutes les parties de cet immense édifice.

En résumé, la force productive des grands moulins de Laubardemont était en moyenne de 4,000 kilogrammes de farine à l'heure, c'est-à-dire 1,000 quintaux métriques par 24 heures ou 600 balles de farines minot 1re qualité.

Or, si la consommation journalière de la population de Bordeaux atteint 2,000 balles, on peut assurer que la fabrication de Laubardemont y contribuait pour un tiers.

Le sinistre du 21 juin 1893, qui frappe si cruellement cette magnifique minoterie, atteint d'une manière directe la fortune bordelaise. Il sera, à ce point de vue, l'objet des plus sérieux regrets.

Jules SERRET.

AGEN, le 23 juin 1893.

www.ingramcontent.com/pod-product-compliance
Lightning Source LLC
Chambersburg PA
CBHW070431080426
42450CB00030B/2402